AF257200

VOYAGES

D'UNE DAME FRANÇAISE

EN RUSSIE,

EN 1812,

TÉMOIN OCULAIRE DE L'INCENDIE DE MOSCOU,

ET DE LA RETRAITE DÉSASTREUSE DE BUONAPARTE

JUSQU'A WILNA.

PAR MADAME ......

~~~~~~

A PARIS,

CHEZ CHARLES, IMPRIMEUR, RUE DAUPHINE,

Nº 36.

1814.
~~~~~~

VOYAGES

D'UNE DAME FRANÇAISE EN RUSSIE,

EN 1812.

VOYAGE DE MOSCOU A MAKARIEW.

J'avais écrit ce journal pour ma famille, sans savoir même alors s'il lui parviendrait jamais. Quelques amis, auxquels je l'ai communiqué depuis mon retour, y ont trouvé l'intérêt d'une relation exacte et de faits peu connus, puisque les seuls Français qui étaient enfermés dans Moscou, dans l'intervalle du départ des Russes et de l'arrivée de l'armée, peuvent savoir ce qui s'y est passé.

Mes amis m'ont engagé à faire imprimer ce journal ; une plume plus exercée que la mienne pourrait tirer un grand parti d'événemens aussi extraordinaires, car je doute que jamais plus de circonstances bizarres se soient réunies ; mais je me borne à retracer les faits tels que je les écrivais dans les momens où j'en avais la liberté.

Parmi les femmes qui étaient à Moscou, pendant l'incendie, plusieurs y sont restées après le départ de l'armée. D'autres ont suivi ; d'autres ont été prises par les Cosaques, et ramenées en Russie ; d'autres sont restées à Wilna ; d'autres enfin sont retournées à Moscou ou à Pétersbourg. Mais moi, après avoir éprouvé les dangers communs, au moment où, arrivée à Wilna, je me croyais sauvée, je me trouve exposée à des dangers d'une nouvelle espèce. Renvoyée de Wilna à Pétersbourg, j'obtiens un passe-port pour la Suède, et me voilà, affrontant sur les lacs une glace mouvante, qui craque sous nos pieds et sous ceux de nos chevaux, et menace mille fois de nous engloutir. Enfin essayons de classer tous ces événemens, tous ces voyages par ordre de date. Je commence par celui de Makarieff ; il semblait qu'il voulut m'ouvrir la carrière.

Je partis de Moscou le 30 juin russe, ou le 11 juillet français. J'étais avec une femme fort aimable, et surtout fort gaie. Nous avions arrêté ce qu'on appelle un yemchik (1).

Nous voilà donc parties toutes deux avec un seul domestique, espèce d'imbécille qui ne pouvait pas nous être d'un grand secours. Je n'avais pas très-bonne opinion de notre cocher, et je n'avais pas tort. Je communiquai mes craintes à ma compagne, qui, ayant déjà fait ce voyage, savait encore mieux que moi les dangers d'avoir un cocher peu sûr; car les bois de Mourum sont remplis de brigands, comme tous les villages des bords du Wolga. Ce peuple, étant éloigné des villes policées, est presque sauvage. Il est très-commun de rencontrer des hommes tués aux bords des forêts. Le prince de Georgie, qui habite Liscowa, en est si persuadé, que, pendant le temps de la foire de Makarieff, qui est presque la seule où il y ait beaucoup d'étrangers, il fait quelquefois la ronde lui-même, lorsqu'il sait que quelqu'un

---

(1) Yemchik, espèce de cocher qui vous mène à petite journée avec un troyka (trois chevaux); il vous donne son passe-port. Les gens qu'on loue en Russie sont toujours obligés de le donner, parce qu'en cas d'accident, on se plaint à leur maître ou à la police, s'ils appartiennent à l'Empereur.

couche à Liscowa (1). Il s'y fait un commerce considérable d'échanges pendant cette foire curieuse, où tous les marchands d'Asie se trouvent réunis. Cette folle me chantait toutes les complaintes de voleurs qu'elle avait appris dans sa vie. Vous parlez mieux russe que moi, me dit-elle, la première caravane tatare qui passera, il faut lui demander à voyager sous sa protection (2). Nous en rencontrâmes bientôt une. Je fis ma demande à ce prince, le plus intelligiblement possible (car ils parlent tous russe), et nous voilà, voyageant avec la caravane, dans notre voiture. Nous fûmes bientôt joints par d'autres : nous faisions les réflexions les plus folles sur cette manière bizarre de voyager, deux femmes, deux Françaises (et il fallait l'être en effet pour une pareille extravagance), parmi les Tatars, les Boucares, les Arméniens, les Persans, les Turcs, les Grecs, les Kirguis, les Bachekirs et les Kalmouks (3).

---

(1) Espèce de petit bourg que le Wolga sépare de Makarieff.

(2) Presque tous les marchands persans *et* tatars, qui portent à cette foire des schals, des perles, ont le titre de princes, et voyagent avec une nombreuse suite tant pour leurs marchandises que pour les servir.

(3) Qui sont les troupes qui ont la garde de ces pays.

Il ne nous manquait que les Chinois, mais ils viennent par un autre côté. Nos Tatars, au reste, étaient fort polis : ils nous traitaient avec beaucoup de considération, et n'auraient pas souffert d'aucun des leurs la plus petite chose qui ne fût pas dans les règles de la plus austère décence.

Ils nous invitaient, le soir, à prendre le thé avec eux. Un tapis, étendu sur l'herbe, ces messieurs assis autour, par terre, les jambes croisées, nous, à leur côté, sur des boîtes à thé, parce que cela nous était plus commode, était un spectacle assez plaisant. Nous leur faisions des questions sur leur manière de vivre, sur leurs femmes. Ils en ont, m'ont-ils dit, autant que leur fortune leur permet d'en nourrir. Ils m'assurèrent qu'elles vivaient fort bien ensemble, et lorsqu'elles sont vieilles, elles passent au service des jeunes. Pendant les quatre heures que nos chevaux reposaient, le matin, ainsi que le soir, nous examinions leurs usages, leur manière de vivre. Ils sont d'une extrême propreté : leur costume est joli, élégant même, ceux des gens surtout (1), la tête rasée, et une

***

(1) Ils ont les bottines jaunes, une petite veste courte et sans manches. Dans leurs parures elle est brodée en or.

petite calotte à pointe. Le prince a la robe longue et le cafetan, la tête rasée. Ils l'ont tous;
leur religion les y oblige.

Nous les regardions de loin faire leurs prières. Ils sont tous Mahométans. Il fallait que
Molière en eût vu lorsqu'il a fait sa cérémonie
du Bourgeois gentilhomme, car c'est absolument les mêmes contorsions, et j'avais beaucoup
de peine à m'empêcher de rire.

Ils étendent par terre un petit tapis carré, et
vont deux à deux faire leurs prières, après le coucher du soleil; ils sautent, se pincent la barbe;
c'est la chose du monde la plus singulière. Ils
aiment beaucoup la musique. J'avais avec moi un
instrument qui ne servait pas peu à nous assurer leur bienveillance. Dès que de loin ils m'entendaient, ils accouraient. J'avais la complaisance de leur chanter des airs russes, et de leur
jouer la Sigansky (1), et ils étaient enchantés.
Nous voyageâmes ainsi, jusqu'à ce qu'il plût
à notre cocher de dire que son cheval avait mal
au pied, et de nous laisser tout à fait en arrière.
La peur commença à nous reprendre; nous
nous fâchâmes, il n'en tint compte. Enfin,
ayant eu le bonheur de retrouver notre prince

---

(1) Air de danse du pays.

Tatar, qui s'était arrêté, par un accident arrivé
à son kibika (1), nous lui remîmes le passe-port
du cocher, en lui disant que si le lendemain,
il ne nous voyait pas arriver à Makarieff, il devait aller chez le maître de police pour faire
des recherches. Je ne sais si cette menace l'inti-
mida, ou s'il n'avait voulu que nous faire peur,
mais il ne nous arriva rien d'extraordinaire.
Nous traversâmes les grands bois de Morum,
où le moins qui puisse arriver, est de rencontrer des serpens noirs au col et à la queue,
tachetés de jaune, qui sont très-venimeux, et
dont ces forêts sont remplies. Nous passâmes
ensuite une plaine aride et sans fin ; nous n'o-
sions pas trop nous communiquer nos réflexions, et nous finîmes par éclater de rire
toutes deux, en regardant la sotte mine que
nous faisions. Alors ma compagne se mit à me
raconter toutes les histoires de voleurs qu'elle
pouvait savoir. Ah! lui dis-je, je vous ai passé
les complaintes, mais grâce pour les histoires.
Enfin nous arrivâmes à Liscowa, et bientôt
après nous traversâmes le Wolga sur le superbe
pont jeté sur le fleuve, et fini seulement cette
année. Il abrège plus de trois werstes, et sert

---

(1) Voiture de voyage.

beaucoup au commerce des échanges. Tous les vaisseaux sont réunis de ce côté ; le pont, couvert de marchandises, de fer surtout, dont on fait un commerce considérable. Nous vîmes le nouveau bazar ; les années précédentes il était en bois, mais l'empereur Alexandre en a fait construire un superbe en pierre. Chaque rangée de boutique réunit une nation et son genre de marchandises. Les Chinois tiennent toutes les marchandises du pays, le thé, le nankin, les soies et les étoffes de Chine. Viennent ensuite les schals, tant de Turquie que de Perse (1). Les Grecs, les diamans, les perles. Du côté des Sibersky, les fourrures et les pierres de Sibérie. Les Tatars vendent aussi des schals et des diamans, mais leur commerce le plus renommé est le savon de Tartarie. Ils en fournissent toute la Russie (2). Les Russes vendent toutes les marchandises d'Europe ; ils les échangent.

---

(1) Ces derniers sont beaucoup plus étroits et d'un tissu plus serré. Ils servent aux ceintures et aux turbans.

(2) J'ai acheté du fameux savon du prince Achmeth, au prince Achmeth lui-même. Il coûte cinquante roubles la livre sur les lieux mêmes ; ce qui me fait douter beaucoup de l'authenticité de celui que l'on vend ailleurs. Il est parfumé de manière qu'en s'en servant au bain, la peau en conserve long-temps l'odeur.

Les couteaux et les fourchettes forment un article considérable. Beaucoup de grands seigneurs russes, qui ont des fabriques dans leurs terres, donnent des commissions aux marchands ; ce qui fait que la plupart d'entre eux viennent à cette foire pour leurs propres affaires.

Les boutiques des Turcs sont très-grandes, il y a des divans tout au tour ; elles sont décorées avec beaucoup de luxe. Leurs habits sont riches et couverts de broderie. Leurs ceintures et leurs turbans, d'une forme extrêmement large, sont la plupart en schals de Perse, ou en étoffes turques. Ils offrent aux dames du sorbet et des pastilles du sérail, dont ils fument habituellement. Les Persans ont moins de dorure, et un autre genre d'habit. Leur bonnet est haut, le cafetan court, les manches pendantes.

Ils sont presque tous beaux hommes, mais leur beauté n'approche point de celle des Circassiens, Bachkirs, Teherkasses, partie de Cosaques appelée montagnards. On cite, en Europe, les femmes de ce pays ; les hommes sont beaucoup mieux, et leur costume sert à développer leur taille, qui est naturellement belle. J'ai vu beaucoup de Georgiennes, mais elles ne méritent pas leur réputation. Si c'est être belle que d'avoir des yeux d'une grandeur démesurée, des sourcils qui semblent avoir été peints avec de l'encre de la Chine, alors elles sont superbes. Leurs traits sont réguliers, mais l'ensemble en est peu agréable; et lorsqu'elles vieillissent, le dessous de leurs énormes yeux noircit, et elles deviennent affreuses. Leur costume blanc est, à peu de chose près, celui des religieuses en France.

J'ai vu quelques femmes tatares, elles n'ont rien de remarquable. Il y avait des enfans Kirguis et Kalmoucks. En général, c'est beaucoup l'usage d'en avoir, dans les maisons russes, où on les habille richement du costume de leur pays. Toutes ces différentes formes d'habits, tant de femmes que d'hommes, sont un coup-d'œil agréable et bizarre. Cette foire attire un monde infini. Les Russes y vont pour leurs affaires ou pour leur plaisir, les étrangers par curiosité. Il y a quelques marchandes de modes françaises qui y viennent de Moscou, et y font bien leurs affaires; car il y a beaucoup de dames.

Le prince de Georgie, qui est le chef de la noblesse, habite Liscowa, et y donne des fêtes. C'est à peu près lui qui fait les honneurs de cette foire. Il reçoit tous les grands seigneurs russes, tous les étrangers de marque et les artistes. On traverse le Wolga dans de jolies chaloupes qui lui appartiennent, et l'on va souper à Liscowa, où l'on passe la nuit à faire de la musique et à danser, et l'on revient dormir pendant la chaleur du jour, pour recommencer le soir, après s'être promené à la foire. C'est une espèce de férie de voir avec quelle célérité on fait une petite ville charmante de ce Makarieff, qui n'est, le reste de l'année, qu'un mauvais village, à peine habitable, où il y a seulement un couvent de religieux, dont la fête a fait autrefois l'époque de cette foire. On y construit, pour ce temps seulement, de très-jolies maisons en bois, très-bien décorées ; les unes sont des guinguettes, d'autres des restaurations, d'autres des appartemens. On y chante, on y danse, on y joue, on y boit de fort bons vins, des liqueurs de toute espèce ; on y mange d'excellens sterlets (1), du soudak, des esturgeons. C'est un tapage continuel, et rien n'est plus animé. Les dames russes, géorgiennes, et les femmes Tatares et Kalmouks, sont les seules qui se montrent ; toutes les autres sont renfermées dans les maisons de leurs maris. Cela n'empêche pas ces messieurs d'être

______

(1) C'est de ce poisson qu'on tire le Caviar.

fort amateurs de celles qui ne le sont pas, et il serait dangereux pour une femme d'aller seule le soir. A peine la foire est-elle terminée, qu'on démonte toutes ces maisons; on retire le pont, et si quelqu'un y repassait un mois après, il croirait avoir rêvé ce qu'il a vu, car il ne retrouverait que des paysans très-sauvages, du mauvais pain noir, et à peine quelques hys-bats (1), dans lesquels on n'ose s'arrêter la nuit. Liscowa reste le même, et le prince l'habite la plus grande partie de l'année. Les plaisirs furent promptement suspendus par la nouvelle de l'entrée de l'armée française à Wilna, et l'arrivée de l'empereur Alexandre à Moscou. Par un de ces hasards qu'on ne peut prévoir, l'Empereur était arrivé à Moscou une heure après que j'en étais partie, et sans que personne s'y attendît. On nous l'apprit en débarquant à Makarieff, mais je ne voulus point le croire. Ce fut chez le prince de Georgie, où j'allai, le le soir, que les princesses m'assurèrent qu'on en avait reçu la nouvelle; elles ne pouvaient concevoir comment nous l'ignorions, étant parties le 30. Ce n'était pas le moment de voyager dans l'intérieur de la Russie, de ce côté sur-

---

(1) Maison de paysan.

tout ; on courait les plus grands dangers, par rapport aux paysans. J'y restai cependant douze jours, qui se passèrent assez gaîment ; mais les nouvelles se succédant, je profitai de la bonne volonté d'un Russe, qui me ramena à Moscou. C'était la seule manière sûre de pouvoir revenir : ma compagne partit pour Jaroslaw, où elle est, je crois, restée. Je revins d'une manière beaucoup moins gaie que je n'étais partie, d'autant plus qu'il faisait une chaleur insupportable. C'était au mois de juillet ; l'été est court en Russie, mais il est brûlant. Il y a des jours où il fait des chaleurs d'Amérique, surtout de ce côté. Nous trouvâmes Moscou en alarmes ; les étrangers fort inquiets, et la prise de Smolensk ne contribua pas à calmer les esprits. On n'osait à peine sortir de chez soi.

Les Français étaient insultés dans les rues ; plusieurs avaient été déportés sur les bords de ce même Wolga d'où j'arrivais. Chacun avait la crainte de l'être à son tour, ou d'être envoyé dans l'intérieur, ce qui ne valait guère mieux. Toute la noblesse partait, le trésor du Kremlin, les richesses déposées aux Enfans - Trouvés ; c'était une procession continuelle de voitures, de chariots, de meubles, d'effets de toutes espèces ; la ville était déserte. A mesure que

l'armée avançait, l'émigration devenait plus
considérable. Je ne pus avoir de passe-port,
pas même pour Pétersbourg; enfin, l'alarme
devint générale. On craignait de manquer de
vivres; chacun faisait ses provisions. On craignait d'être massacré par les Mougiques (1). On
parlait de feu, de s'ensevelir sous les ruines de
la ville. On se réunissait dans les quartiers éloi-
gnés; et comme Moscou était extrêmement
grand, on calculait que le côté par lequel l'armée passerait, serait le premier, et peut-être le
seul incendié. Il paraissait d'ailleurs si difficile
de croire que cette ville immense fût entièrement consumée, que l'on ne prenait des pré-
cautions que pour certains quartiers, ceux
surtout où il y avait des maisons de bois; car
tous les palais en pierre, couverts de tôle, sem-
blaient jamais ne devoir brûler, aussi était-ce
ceux où l'on se réfugiait de préférence. Je m'é-
tais réunie à une famille d'artistes qui demeu-
raient à la Basseman, quartier positivement
opposé à celui par lequel entrerait l'armée.
C'était un endroit extrêmement isolé; un palais
immense, appartenant au prince de Galitzin,
dont le mari de mon amie gravait la superbe

____

(1) Paysans russes.

galerie de tableaux. Ils habitaient une petite aile sur le jardin, qui était, selon nos observations, également bon à nous cacher, si le peuple se portait à quelques extrémités, et à nous préserver en cas de feu. Il y avait plusieurs serres dans lesquelles on pouvait trouver des abris contre toutes recherches. Nous avions d'ailleurs le palais, qui tenait à lui seul une rue, et celui du prince Kourakin, qui tenait l'autre, dans lequel nous pouvions aussi nous sauver. Nous nous crûmes donc dans un fort imprenable, et nous ne nous occupâmes plus qu'à nous y pourvoir des objets qui nous étaient nécessaires. J'y fis porter tous mes effets, et j'abandonnai follement ma maison, qui est restée intacte, pour me réfugier dans celle-là, qui a été la proie des flammes; mais je n'ai pas été la seule aussi mal inspirée, il semblait qu'un malin génie me fît trouver le danger dans ce qui me semblait devoir assurer ma tranquillité. Je quittai ma maison le 25 d'août russe (6 français). Nous fûmes assez tranquilles pendant huit à dix jours; mais au bout de ce temps, nous entendîmes dire que l'armée approchait; nous montions au grenier pour examiner, avec une longue vue, si nous en apercevions les bivouacs. Vers le 1er. septembre russe, le 12

2

français, nous vîmes des feux ; nos domestiques entrèrent, le matin, tout effrayés dans nos
chambres, en nous disant qu'ils voulaient s'en
aller, que la police avait été frapper, la nuit,
à toutes les portes, pour avertir qu'il fallait partir.
Mais on n'est pas venu chez nous, leur dis-je, vous
voyez que vous ne savez ce que vous dites. Oh !
Madame, me répondit ingénuement ma femme
de chambre, vous êtes des Français, on n'a été
que chez les Russes ; d'ailleurs la police est partie, ils ont emmené les pompes, et nous ne
voulons pas rester ici.

Nous voilà donc sans domestique, à l'excep-
tion d'une grosse servante qui faisait le pain,
et qui s'était enivrée complètement pour se
guérir de la peur, mais qui nous fut bien utile
par la suite. Nous apprîmes en effet que la police était partie : cela n'était pas fort rassurant.
La nuit du 12 au 13, je ne me couchai pas ; ma
compagne était fort peureuse, de sorte que je ne
pouvais guère faire part de mes réflexions qu'au
mari, car je craignais les attaques de nerf, ce
qui ne n'aurait servi qu'à nous déranger beaucoup dans un pareil moment. Notre quartier
était isolé ; j'entendais de temps en temps passer
des gens ivres qui juraient. Nous sûmes qu'on

avait pillé les cabarets ; nous passâmes encore
cette journée fort inquiets. La nuit du 13 au 14
septembre, il me sembla que cela devenait plus
bruyant ; j'entendais *Fransouski ;* je m'attendais à chaque instant qu'on viendrait enfoncer
notre porte ; j'allais doucement dans la chambre
de ma compagne d'infortune, et je disais à son
mari : je crois que les voilà. Il regardait à travers le rideau, et me répondait : non , pas encore. Voilà l'agréable perspective dans laquelle
nous passâmes ces deux nuits. Enfin, celle du
14 au 15 allait commencer sans apporter aucun changement à notre situation , nous le
croyions du moins, car, étant dans un quartier
fort éloigné, nous ignorions ce qui se passait
dans l'intérieur de la ville ; j'étais fatiguée , et
je me jetai de bonne heure sur mon lit : mon
amie et son mari montèrent pour examiner,
comme les jours précédens. Tout à coup la
femme redescend précipitamment, en me disant : venez, je vous prie, voir un météore
dans le ciel ; c'est une chose singulière, c'est
comme une épée flamboyante : il semble, dans
cette circonstance, que cela nous annonce
quelque malheur. Moi, qui connaissais cette
dame fort superstitieuse, je ne me souciais
pas trop de me déranger ; cependant, entraînée

par elle, je monte, et vois en effet quelque chose de fort extraordinaire. Nous raisonnâmes là-dessus sans y rien comprendre, et finîmes par nous endormir. A six heures du matin, on vint frapper plusieurs coups à la porte de la rue; je cours à la chambre de mes amis : pour le coup, leur dis-je, nous sommes perdus, on enfonce la porte. J'entends cependant qu'on appelait le maître de la maison par son nom; nous regardons à travers le volet, et nous voyons une personne de notre connaissance. Ah ! bon Dieu! lui dis-je, on massacre dans l'autre quartier, il se sauve ici. Enfin nous ouvrons, et ce Monsieur nous dit que le feu s'é-tant manifesté près de sa maison, il craignait qu'elle ne devînt aussi la proie des flammes, et qu'il nous demandait un asile pour lui et deux autres personnes. On le lui accorda prompte-ment, et il retourna les chercher. Le mari de mon amie se hasarda à aller jusqu'au bout de la rue, et revint nous dire que le fameux pro-dige que sa femme avait vu, n'était autre chose qu'un petit balon rempli de fusées à la Con-grève, qui était tombé sur la maison du prince Trouberkoï, à la *Pakrofka* (quartier très-près de chez nous), et qu'elle était en feu, ainsi que les maisons environnantes. Il paraissait clair que la ville allait brûler. Il ressortit de nouveau pour apprendre des nouvelles, et nous nous hasardâmes à mettre la tête à la fenêtre. Je vois un soldat à cheval, et je l'entends demander en français: Est-ce de ce côté? Jugez de notre étonnement. Moi, toujours un peu moins poltronne que ma compagne, je lui crie : Monsieur le soldat, est-ce que vous êtes Français? — Oui, Madame. — Les Français sont donc ici? — Ils sont entrés hier à trois heures dans les faubourgs. — Tous? — Tous.

Les trois personnes qui nous avaient demandé asile arrivèrent, chargés de leurs effets, ceux du moins qu'ils avaient pu sauver. Ils nous apprirent que le feu était déjà dans plusieurs endroits ; on cherchait à l'éteindre, mais sans pompes ; c'était assez difficile. Il me tardait de sortir pour savoir s'il n'était rien arrivé à mes amis et à ma maison, où j'avais encore mes meubles et beaucoup d'effets que je n'avais pu faire transporter. Un de ces messieurs nous dit qu'on ne pouvait guère sortir qu'à pied, car on prenait tous les chevaux, attendu que l'armée en manquait. Cependant, ajouta-t-il, les Français sont galans, peut-être ne prendront-ils pas le cheval d'une dame ; mais on en voulait au mien, et je ne le hasarde plus, car si nous étions obligés de sauver nos effets, nos chevaux nous seraient d'un grand secours. Il semblait qu'il prophétisait. Bon, lui dis-je, nous sauver; de quoi? Cette maison ne peut pas brûler? — Je le désire, me dit-il. L'après-midi, je pris le drochky d'un de ces messieurs, et je fus courir la ville. Je trouvai les maisons remplies de militaires; dans la mienne, il y avait deux capitaines de gendarmerie de la garde. Tout était sans dessus dessous, et mes papiers épars sur le plancher. Ce désordre avait eu lieu avant l'arrivée de ces messieurs; on n'avait trouvé dans la maison que des domestiques russes; on ne les entendaient pas, et on avait regardé cet hôtel comme abandonné. Ils m'engagèrent beaucoup à reprendre mon appartement, m'assurant que je n'avais plus rien à craindre, mais le feu était partout; il pouvait venir là, et d'ailleurs, je ne voulais pas abandonner mes amis. Je revins chez eux à la lueur des maisons incendiées; c'était une clarté affreuse, et le feu gagnait avec une rapidité inconcevable. Nous n'étions qu'au 15 septembre, et l'automne est superbe en Russie. La soirée était belle, et nous parcourûmes toutes les rues voisines du prince de Troubeskoï, pour voir les progrès du feu. Ce spectacle était vraiment une belle horreur ! Je l'ai revu tant de fois depuis !..... Je ne veux pas m'appesantir sur ces souvenirs ; nous avons été quatre jours sans avoir besoin de lumière ; il faisait plus clair qu'en plein midi. C'est une chose inconcevable avec quelle rapidité les maisons brûlaient, par le moyen de ces fusées à la Congrève ; on entendait une légère explosion, à peu près comme un coup de fusil ; on voyait sortir une fumée très-noire ; au bout de quelques minutes, elle devenait rougeâtre, ensuite de feu. Presqu'aussitôt succédait un gouffre de flammes, et dans quelques heures, les maisons étaient consumées.

Je trouvai en rentrant mon amie causant avec un officier blessé. « J'ai prié monsieur, nous dit-elle, de vouloir bien accepter un logement chez nous : il est dangereux, dans ce moment, d'être sans militaire ; nous sommes dans une rue isolée, la ville est en feu, il peut arriver mille accidens ; monsieur me conseille même de demander une sauve-garde pour la maison du prince. »

Je sortis le lendemain matin dans le dessein de prendre des informations là-dessus. Un côté entier du boulevart que je traversai n'était qu'un gouffre de flammes ; plusieurs soldats polonais parcouraient les rues, cela prenait tout l'aspect d'une ville au pillage. Je fus chez le gouverneur ; il y avait un monde infini à sa porte, et je ne pus lui parler. Je reprenais le chemin de ma maison, lorsqu'un jeune officier fort poli m'arrêta pour m'avertir qu'il était dangereux pour moi d'aller seule, et s'offrit à m'accompagner. Le moment était trop pressant pour ne pas accepter sans façon. Nous cheminâmes, lui à cheval, moi à pied ; il voulait galamment marcher auprès de moi, je ne le souffris pas ; et nous causions ainsi, lorsqu'au détour d'une rue, des femmes éplorées réclamèrent la protection de mon conducteur contre des soldats qui pillaient leur maison. Il les dispersa ; mais, hélas ! d'autres revinrent sans doute bientôt après notre départ. Je me pressais d'arriver, car je craignais de trouver notre habitation dans le même état que celle que je venais de voir. Son éloignement nous servait pour le moment. D'ailleurs, notre officier blessé pouvait, dans les premiers instants, contenir les pillards ; mais la ville continuant à brûler, il n'était plus possible d'arrêter les soldats, ni de leur faire entendre raison : une sauve-garde de plusieurs hommes nous était absolument nécessaire ; ces messieurs nous le dirent eux-mêmes. Mon jeune conducteur dîna avec nous, causa très-joliment, parla modes, théâtre ; et je reconnus bien vîte un aimable de la chaussée d'Antin, sous la moustache d'un soldat. Je ne l'ai plus revu : je serais fâchée qu'il lui fût arrivé quelque chose ; il aimait sa mère, dont il me parla beaucoup, et ce fut un puissant motif pour moi de le trouver aimable. Il repartit pour le camp de Pétrofsky. Le feu était aux boutiques russes et dans tous les environs. Nous résolûmes, cette dame, moi et notre officier blessé, d'aller le lendemain à Pétrofsky pour demander une sauve-garde.

Ce fut le 17 septembre, jour mémorable pour moi, que nous entreprîmes ce voyage. A notre départ, notre maison était intacte ; il n'y avait pas même apparence de feu dans aucune des rues adjacentes. La fille de cette dame, jeune enfant de treize ans, était avec nous ; elle n'avait encore vu le feu que de loin. Le premier qui la frappa fut celui de la Porte-Rouge. Nous voulûmes prendre le chemin ordinaire du boulevart, impossible de passer, le feu partout ; nous remontons la Twerscoye, il était encore plus fort ; enfin, nous allons jusqu'au grand théâtre : c'est là que l'on ne peut pas dire que c'était du feu, mais un gouffre de flammes. La provision de bois d'une année y était adossée, et le théâtre étant en bois lui-même, on juge si cela devait faire un feu terrible. Nous tour-nâmes à droite ce côté, nous semblant moins enflammé; lorsque nous fûmes à la moitié de la rue, le vent poussait la flamme d'une telle force, qu'elle rejoignait l'autre côté, et formait un dôme de feu. Cela peut paraître une exagéra-tion, mais c'est l'exacte vérité; nous ne pou-vions plus aller ni en avant ni de côté; il n'y avait d'autre parti à prendre que de retourner par le même chemin. Mais de minute en minute, le feu gagnait, les flammèches tombaient jusque dans notre calèche, et nous sentions l'ardeur de la flamme d'une manière qui commençait à devenir insupportable pour nous, et dange-reuse pour nos chevaux. On les mit au grand galop, et nous parvînmes à regagner le boule-vart. Nous reprenions le chemin de notre quar-tier, nous félicitant de pouvoir reposer enfin nos yeux fatigués par la poussière et la flamme. Je n'oublierai jamais l'impression que me fit le spectacle qui s'offrit à nous. Cette maison, où nous comptions rentrer paisiblement, qui, une heure avant, n'avait pas l'apparence d'y voir briller une étincelle, était en feu. Il fallait qu'on l'y eût mis depuis bien peu de temps; car ces messieurs, qui étaient dans l'intérieur de la petite maison, ne s'en étaient pas encore aperçus. Ce furent les cris de cette pauvre petite qui les firent accourir. Cette enfant avait tout à fait perdu la tête ; elle criait : « Sauvez maman, sauvez tout ; ah ! mon Dieu ! nous sommes perdus ! » Elle me déchira le cœur autant que le spectacle que j'avais sous les yeux. Je pensais à ma fille ; je remerciais le ciel d'être seule au moins dans ce cruel moment. Comme j'ai le bonheur de ne jamais perdre la tête dans le danger, je m'occupai des autres, et de sauver, s'il était possible, ce que j'avais de plus précieux. Cette grosse servante, qui seule nous était restée, m'aida à porter tout dans le jardin. Ces messieurs, et même notre officier blessé, avaient presque tous perdu la tête aussi ; ils allaient à droite, à gauche, et n'avançaient rien ; ils faisaient briser une porte à coups de hache, tandis qu'il y en avait une ouverte à côté. Plusieurs officiers entrèrent dans le jardin, et nous offrirent des soldats pour nous aider. Il y avait d'autant moins besoin de se presser ainsi, que le palais était séparé de la petite maison par le jardin et les serres ; le feu pouvait gagner par les serres mêmes, à la vérité, comme il gagna en effet, mais ce ne fut que le lendemain. Si l'on eût mieux raisonné, on eût beaucoup moins perdu; mais la peur ne raisonne pas, et d'ailleurs les cris de la mère et de la fille bouleversaient tout le monde.

Lorsque j'eus tout fait transporter dans le jardin, je fus m'asseoir, le portrait de ma fille à mes côtés; je n'avais pas voulu m'en séparer, et j'examinai à loisir ce qui se passait autour de moi. Je vis qu'un de ces messieurs avait attelé sa calèche, qu'il y avait mis jusqu'à ses matelas, tous ses effets, et une petite partie de ceux de ses amis. Je vis que l'autre en avait fait autant sur son droschky, de même que notre officier sur le sien; et que moi, qui n'avais plus ni droschky, ni calèche, je risquais fort de ne rien sauver. Je pris aussitôt mon parti; je fis un léger paquet des choses qui m'étaient le plus nécessaires, et je le mis sur le droschky de l'un; j'en fis un autre plus petit que je mis sur celui de l'officier, qui était conduit par un soldat, M. Martino, un bien bon garçon, et bien plus obligeant que tous les autres; car l'égoïsme du malheur n'est pas le moindre. Mes petites affai- res ainsi arrangées, je mis dans le sac que j'avais à la main mes bijoux, mon argent, et j'attendis tranquillement ce qu'il plairait à Dieu d'en dé- cider. A qui donc sont ces coffres? dit l'officier

qui commandait le quartier. — A moi, monsieur. — Eh bien ! madame, vous les abandon-
nez ainsi ? — Où voulez-vous que je les mette ?
je n'ai ni voiture ni chevaux. — Parbleu, monsieur en prendra bien un ; des effets sont plus
utiles pour une femme, que des matelas pour
un homme ; d'ailleurs, il faut bien s'entr'aider.
Il fit mettre la malle sur la calèche par ses soldats ; et ce monsieur n'osa pas refuser. C'était
celle qui renfermait ce que j'avais de mieux. Je
me vis donc à moitié sauvée, quoique je per-
disse plusieurs autres malles et tous mes meubles : j'abandonnai tout, et laissai le portrait de
ma fille dans le coin d'une serre. Je ne regrettais
que cela ; je le quittai en pleurant ; je prévoyais
que je ne le reverrais plus. Combien j'étais fâchée qu'il ne fût pas en miniature !

Nous quittâmes donc la maison, où tout
devint bientôt la proie des soldats ; rien n'était
plus triste à voir que ce cortége, car nous n'é-
tions pas les seuls, des femmes, des enfans,
des vieillards, fuyaient ainsi que nous leurs
maisons incendiées. Une file nombreuse de militaires, qui allaient au camp, marchait en
même temps, et nous proposait de les suivre.
Enfin, après avoir erré long-temps, nous trouvâmes une rue qui ne brûlait pas encore ; nous

entrâmes dans la première maison (elles étaient toutes désertes), et nous nous jetâmes sur des canapés, tandis que les messieurs gardaient les équipages dans la cour, et examinaient si le feu ne prenait point à la maison. Voilà quelle fut la fin de cette triste journée, dont le souvenir ne s'effacera jamais de ma mémoire. Nous passâmes, comme on peut le penser, une pénible nuit ; nous ne savions plus où trouver un asile, car on m'avait assuré que ma maison était brûlée, et, en effet, les deux adjacentes étant en feu, tout le monde avait abandonné celle-là : on la croyait perdue, c'est ce qui cependant n'arriva pas ; mais quand nous l'eussions su, il était impossible d'y aborder, il y avait même des gardes pour en empêcher. Nous avions de nouveau un motif pour aller au quartier-général : ce n'était pas pour demander une sauve-garde, mais un abri, comme on en avait accordé à plusieurs malheureux comme nous, car les maisons commençaient à peine à être assez nombreuses pour loger les militaires, et l'on ne pouvait en avoir, ainsi que des vivres, que sous la sauve-garde du gouvernement ; mais nous ne pouvions aller à Pétrowsky sans un officier ; le nôtre ne voulait pas y venir ; nous allions de rue en rue, de maisons en maisons,

(31)

tout portait les marques de la dévastation. Cette
ville que j'avais vue, si peu de temps auparavant, riche, brillante, n'était plus qu'un monceau de cendres et de ruines, où nous errions
comme des fantômes qui reviennent visiter leurs
anciennes demeures.

Enfin, marchant de droite, de gauche, sans
aucun but, nous eûmes l'envie de retourner
dans notre ancien logement. Notre maison,
pensions-nous, n'est peut-être pas encore brûlée! En effet, elle était telle que nous l'avions
laissée, avec cette différence que les soldats
avaient tout brisé. Mais nous y retrouvâmes encore des vivres que l'on avait cachés, et qui
n'avaient pas été découverts. Notre officier fut
l'avis qu'il fallait dîner. Depuis la veille nous
n'avions presque rien pris. On descendit une
table, quelques chaises qui étaient restées en-
tières; et l'on fit une espèce de dîner que l'on
servit au milieu de la rue.

Le tableau de ce repas fut encore un des plus
tristes de cette malheureuse circonstance. Qu'on
se figure une table au milieu d'une rue, où de
tous côtés on voyait des maisons en flammes,
ou des ruines fumantes, une poussière de feu
que le vent nous portait dans les yeux, des in-
cendiaires fusillés près de nous, des soldats

ivres, emportant le butin qu'ils venaient de piller : voilà quel était le théâtre de ce triste festin.

Nous mangeâmes peu, comme on le pense, mais notre officier mangea et but encore mieux. Ces messieurs sont accoutumés à tout ; mais des femmes, des enfans !...

Hélas ! le temps n'était pas éloigné où nous devions voir un spectacle plus affreux encore. Après ce joli dîner, nous avisâmes de nouveau au moyen de nous procurer un asile. On nous conseilla d'aller parler au colonel qui commandait ce quartier, et qui pourrait nous accorder un officier pour nous conduire au camp. Ma compagne était dégoûtée de voyager de ce côté, et tout à fait découragée. Il fallait cependant prendre un parti. Je me décidai à aller trouver ce colonel, l'homme le plus honnête et le meilleur que j'aie jamais rencontré, et qui fut notre sauveur (1). « Je ne puis, me dit-il, vous donner un officier ; ils doivent tous rester à leurs postes : c'est l'ordre. Mais si c'est un asile que vous cherchez, nous partagerons avec vous celui que nous cherchons nous-mêmes ; car

_____

(1) Le colonel Sicard. Je me plais à proclamer son nom, qui est gravé dans notre cœur par la reconnaissance.

notre maison vient de prendre feu. — Mais nous sommes sept personnes, lui dis-je, cela pourra vous gêner. — Pas du tout. Ayez la bonté de nous suivre; on nous cherche une maison : nous tâcherons de vous y placer le plus commodément possible. »

Bien contens, dans notre malheur, d'avoir rencontré un homme aussi bon. Ce fut près du comte Golofkin que nous trouvâmes une maison. Je parcourus la sienne. J'ignore s'il a sauvé beaucoup de choses rares qu'elle contenait; mais j'en vis de bien belles brisées et éparpillées sur le plancher. Ces messieurs nous firent donner deux chambres; ils nous procurèrent des vivres, ce qui était une chose extrêmement rare; et nous commençâmes à respirer, au moins pour quelque temps. Si j'avais pu prévoir que ma maison, que j'avais abandonnée, me croyant plus en sûreté ailleurs, était précisément celle où j'aurais pu éviter une partie de ces malheurs!... Mais bien d'autres comme moi ont abandonné la leur pour se réfugier dans celles qui ont été la proie des flammes. Il semblait que tout ce que l'on faisait pour se sauver, était précisément ce qui vous perdait : moi, surtout, je n'ai pas fait un pas, une démarche, qui n'aient été précisément le contraire de ce que j'aurais dû faire ; il semblait qu'une fatalité me conduisait, tant il est vrai qu'on ne peut éviter sa destinée !

Après plusieurs jours d'interruption, je reprends ce triste journal. Je ne suis point encore assez familiarisée avec ma position pour ne pas faire quelque retour sur le passé ; mais j'éprouve cependant que de toutes les circonstances de la vie, on peut tirer un avantage quelconque : j'ai acquis par mes malheurs une sorte de philosophie qui me fait envisager les événemens sans trouble et sans inquiétude. Avant tout ceci, j'avais mille besoins d'aisance et d'agrément dont il m'eût coûté d'être privée : mais je sens qu'avec un peu de courage, on peut tout supporter. Quand on a souffert pendant deux mois la soif, la faim, le froid, la fatigue, toutes les privations qui contribuent à rendre la vie paisible et agréable, on peut défier le sort et voir l'avenir sans inquiétude.

A force de parler de départ, on partit en effet le 19 octobre 1812.

Je n'entreprendrai point de retracer les événemens de cet affreux voyage, assez d'autres en parleront, mais seulement douze jours, qui furent pour moi une agonie continuelle, et pendant lesquels la mort se reproduisit sous toutes les formes. Je me disais, en commençant la journée, il est bien certain que je ne la finirai pas; mais par quel genre de mort la terminerai-je? c'est ce que j'ignore.

Ce fut le vendredi 6 novembre que commença cette série de jours malheureux. Nous étions près de Smolensko. J'étais partie dans la calèche d'un officier d'ordonnance; il avait donné l'ordre à son cocher d'y arriver le soir. C'était un Polonais le plus lent et le plus maladroit que j'aie jamais rencontré. Il passa toute la nuit, à ce qu'il dit, à aller au fourrage, et laissa ses chevaux se geler à leur aise. Lorsqu'il voulut les faire marcher, ils ne pouvaient plus remuer les jambes, de sorte que nous en perdîmes deux : ces deux-là, une fois morts, il était impossible d'avancer avec les trois autres. Nous restâmes à l'entrée d'un pont, extrêmement encombré, à la vérité, jusqu'au samedi 7. Je réfléchissais au parti que je pourrais prendre; et je m'étais décidée, aussitôt qu'il ferait jour, à abandonner la calèche, et à traverser le pont à pied pour aller demander du secours, ou une place dans une autre voiture, au général qui commandait l'autre côté. En ouvrant le vasistas, le cocher me dit qu'il avait trouvé deux chevaux. Je pensai bien qu'il les avait volés : mais, dans cet heureux temps, rien n'était plus commun; on se volait réciproquement toutes les choses dont on avait besoin, avec une sécurité charmante; il n'y avait d'autre danger que d'être pris sur le fait, car alors le voleur courait risque d'être rossé, mais on entendait toute la journée : ah! mon Dieu! on m'a volé mon porte-manteau; un autre, mon sac; un autre, mon pain, mon cheval, et cela, depuis le général jusqu'au soldat.

Je ne portai donc pas mes recherches plus loin; et, trop heureux de pouvoir traverser le pont, nous nous mîmes en route. Ce qu'il y avait de fâcheux, c'est que le vol n'était pas brillant; car nos chevaux n'étaient rien moins que bons. Enfin, nous essayâmes d'avancer. A tout moment repoussés : Laissez passer les équipages du maréchal tel, et puis d'un autre, et puis d'un général, je commençais à me désespérer, lorsque j'aperçus près de moi celui qui commandait le pont de ce côté. « Pour Dieu! monsieur, lui dis-je, faites passer ma voiture; je suis là depuis hier au matin, mes chevaux ne peuvent presque plus aller; et si je ne rejoins pas aujourd'hui le quartier-général, je suis perdue, je ne saurai plus que devenir. (Je pleurais, car je perds plus facilement courage pour les petits événemens que pour les grands.) — Attendez un moment,

madame, me dit-il, je vais faire mon possible
pour vous faire passer. » Il parla à un gendarme, et lui dit de comprendre ma voiture dans
les équipages du prince d'Ec... Ce gendarme,
je ne sais trop pourquoi, me prit pour la femme
d'un général, de sorte qu'il se perdit en belles
phrases; je lui répondais par monosyllabes,
lorsqu'enfin vint le moment de passer le pont.
Il était bordé, de chaque côté, de généraux, de
colonels, d'officiers : depuis si long-temps cet
encombrement durait, qu'ils étaient tous là pour
faire presser le plus possible; car, ainsi que je
l'ai su depuis, les Cosaques n'étaient pas loin.
A peine au quart du pont, les chevaux ne veu-
lent plus aller. Cela empêchait les autres voitures d'avancer; et malgré la bonne volonté de
ces messieurs, toute voiture qui entravait la
marche dans un passage difficile, était brûlée :
c'était un ordre positif. Je me voyais bien plus
mal que la veille. On criait de droite à gauche :
Mais cette calèche empêche de passer, il faut la
brûler. Les soldats, qui ne demandaient pas
mieux, parçe qu'alors les voitures étaient pil-
lées, criaient de tous côtés : Brûlez! brûlez!
Enfin ces messieurs eurent pitié de moi : Allons,
des soldats aux roues, dirent-ils. On s'y mit en
effet, et eux-mêmes eurent la bonté de les

pousser. Nous arrivâmes de cette manière au haut du pont : on m'en félicita ; et je vis venir mon gendarme , auquel je n'osais pas proposer de l'argent ; c'était d'ailleurs la chose dont on faisait le moins de cas : je n'avais pas d'eau-de-vie, encore moins de pain. « Mon Dieu ! lui dis-je, monsieur le gendarme , je ne sais comment reconnaître... — Ah ! madame la femme de général... madame la générale a tant de moyens... qu'elle me permette de me réclamer d'elle. — Vous le pouvez, monsieur le gendarme, lui dis-je en riant » ; et il s'en fut bien content.

Nous cheminâmes le reste du jour assez tranquillement. Mais le dimanche 8 , les chevaux ne pouvant plus aller, je pris le parti d'envoyer au quartier-général pour demander des chevaux. Le cocher fit monter, avec beaucoup de peine, la voiture au haut d'une montagne ; et nous restâmes à l'entrée du grand chemin pour attendre le domestique qui était allé à Smolensko. Nous n'en étions qu'à quatre lieues ; je l'avais fait partir à neuf heures du matin , et je m'attendais à le voir revenir à la tombée du jour ; mais nous y restâmes toute la nuit. Il faisait heureusement un très-beau clair de lune ; nous n'avions plus que l'arrière-garde avec nous : les Cosaques étaient fort près. Les officiers qui passaient m'engageaient à ne pas rester là, parce qu'il y avait du danger. Je ne voyais presque plus personne vers le matin, que des soldats qui me pressaient de descendre de ma calèche, et qui avaient bonne envie de la piller. Enfin, sur les dix heures, voyant que le domestique ne revenait pas, je proposai à une vivandière westphalienne de me prendre dans sa voiture (c'était le lundi 9); elle me demanda deux louis; je les lui promis. Je pris tout ce que je pus emporter. Je laissai la voiture au cocher, bien persuadée que, si elle n'était pas pillée par les soldats, elle le serait par lui. Je fus à peine à une lieue, que je rencontrai le domestique qui ramenait des chevaux, et marchait aussi tranquillement que s'il eût été au bois de Boulogne. Je lui criai de se presser, pour empêcher, s'il était possible, que la voiture ne fût pillée.

J'arrivai à Smolensko à trois heures après-midi, avec ma vivandière. Ces messieurs me croyaient perdue. On avait fait partir le domestique la veille avec les chevaux; mais il avait trouvé bon de rester à coucher en route, et de ne venir que le lendemain matin. Nous ne comptions plus sur la calèche; elle arriva cependant le soir dans un fâcheux état. Ils nous firent les contes qu'ils voulurent. Il est clair qu'ils avaient eux-mêmes volé ce qui manquait. Je perdis, moi particulièrement, tous mes effets. Plusieurs de ces messieurs, qui avaient mes malles sur leurs voitures, m'apprirent tristement qu'elles avaient été prises par les Cosaques. Il me restait encore un coffre sur celle qui venait d'arriver. J'avais des schals, mes bijoux, de l'argent; mais je m'attendais à tout perdre, et j'avais pris mon parti. M. de *** me rassura cependant, en me disant : Je vais vous donner un de mes camarades qui est blessé, il fera aller mes gens. Vous descendrez chaque soir dans les endroits où nous nous arrêterons : de cette manière, j'espère qu'il ne vous arrivera pas d'accidens nouveaux. Je me reposai à Smolensko toute la journée, et nous ne repartîmes que le lendemain.

Le mardi, 1o novembre, nous remontâmes en voiture, à quatre heures après midi, avec le camarade blessé de M. de***. C'est un autre moi-même, me dit-il, vous n'avez plus rien à craindre maintenant. Il ne se rendait guère justice, en se comparant à ce monsieur; il y avait une bien grande différence. Malgré le bien qu'il m'en avait dit, du premier moment il me déplut. Je vis un homme très-occupé de lui, assez mal élevé; cependant je lui donnai tous les soins que l'on doit avoir pour une personne blessée et souffrante. Je m'aperçus bientôt que nos chevaux ne valaient guère mieux que les premiers; d'ailleurs toutes ces malheureuses bêtes étaient si mal nourries, qu'elles pouvaient à peine marcher. Nous eûmes la même peine à monter la moindre monticule; nous allâmes fort mal jusqu'au jeudi 11. Ce monsieur enrageait d'être monté dans la calèche, et craignait surtout la rencontre des Cosaques. Si j'avais mon cheval, je m'en moquerais, disait-il; mais je ne vois pas arriver mon domestique. On devait me le renvoyer, ce n'était pas très-rassusant pour moi, je l'excusai cependant; il était blessé de manière à ne pouvoir marcher, encore moins courir; il n'aurait pu se sauver d'aucune manière; enfin, il fallut encore prendre le parti de renvoyer au quartier général, pour dire à M*** que s'il n'avait pas d'autres chevaux à nous donner, il était impossible d'avancer; mais, pour éviter la négligence du domestique, nous envoyâmes celui qui était chargé des chevaux de selle, et nous fîmes aller l'autre au fourrage avec le cocher.

Me voilà de nouveau restée au milieu du grand chemin ; mais au moins je n'étais pas seule; il passait peu de troupe, quelques soldats seulement bivouaquaient à côté de nous. Ce monsieur s'inquiétait beaucoup de lui, fort peu de moi. Je fis semblant de dormir, pour ne plus lui parler. Les gens ne revenaient pas du fourrage, nous craignions qu'ils n'eussent été pris. Sur les dix heures, j'entends que cet aimable monsieur parlait à son colonel, qu'il venait de rencontrer. Mon Dieu! mon colonel, disait-il, je suis blessé; on m'a donné cette voiture, mais les chevaux ne peuvent pas aller; les gens ne reviennent pas, je pense qu'ils l'ont abandonnée; je voudrais bien pouvoir en faire autant. Ma foi, disait le colonel, je vous conseille de monter à cheval, et de brûler la calèche. Ce conseil est très-obligeant pour moi, lui dis-je, mais monsieur n'a aucun droit sur cette calèche, c'est à moi qu'on l'a donnée; l'on y a placé monsieur, croyant d'ailleurs par là pourvoir à ma sûreté et à la sienne, et le faire voyager plus commodément. Monsieur est bien le maître de s'en aller; mais je le prie seulement de ne pas crier que cette calèche est abandonnée devant des soldats qui peuvent prendre ce prétexte pour la piller. Moi, qui ne suis pas blessée, je n'ai pas peur, ce n'est pas la première fois que je reste seule au milieu du grand chemin; je ne doute pas que les gens ne reviennent avant le jour; M***, qui me sait dans l'embarras, est incapable de m'y laisser. Vous êtes très-courageuse, madame, me dit ce colonel; je vous en fais mon compliment. Non, monsieur, pas courageuse, mais résignée. Je me retournai, et, faisant encore semblant de dormir, je m'endormis tout de bon. Sur le minuit, j'entendis que mon aimable compagnon de voyage avait retrouvé son domestique et son cheval; il descendit de la calèche si précipitamment qu'il ne me dit pas un mot pour s'excuser; il n'oublia pas cependant d'emporter le seul pain qui restait. J'étais indignée, mais je me sentais fière d'avoir plus de courage qu'un homme; je ne me dissimulais pas cependant que ma position n'était rien moins que gaie. Selon mon usage, je repris toute ma tête et tout mon sang-froid, et j'attendis le jour assez tranquillement.

Le clair de lune était assez fort pour voir ce qui se passait autour de moi; j'aperçus, à vingt pas, des soldats qui dormaient. J'étais bien sûre qu'ils ne s'étaient pas enivrés; j'avais encore du vin dans la cave de ma voiture, j'en bus un peu pour me donner des forces. Je me décidai à attendre encore une heure, et si, après cela, je ne voyais venir personne, à m'en aller à pied jusqu'à ce que je rencontre voiture ou charrette où je puisse monter.

Comme je délibérais, je vis revenir les gens du fourrage; ils me firent les contes qu'ils voulurent sur leur retard. J'étais si contente de revoir des figures de connaissance, que je ne pensais pas à les grouder. Il faut s'être trouvé dans une pareille situation pour sentir combien une ombre de mieux paraît un grand bien; il faut avoir été sans boire, ou sans trouver autre chose que de l'eau remplie de cadavres, pour connaître la jouissance qu'on éprouve à boire un verre d'eau; avoir été sans manger pour connaître celle d'un morceau de pain, ainsi du reste. Il y a dans la vie des jouissances dont les gens heureux ne se doutent pas.

Je comptai aux gens la manière dont l'aimable camarade de leur maître m'avait plantée là. Ils furent indignés, surtout qu'il ait emporté notre pain, car ils espéraient en avoir leur part; je n'en avais jamais sans le partager avec eux.

Ecoutez, mes amis, leur dis-je, il n'y a pas à plaisanter ici, les Cosaques ne sont pas loin; nous allons atteler les chevaux de selle à la calèche : je sais que cela peut leur faire du tort, mais en pareil cas, il faut tout sacrifier, et l'essentiel est de nous sauver. Comme nous allions en effet prendre ce parti, nous vîmes arriver les chevaux, ce fut alors des cris de joie. J'avais trois domestiques et des chevaux de selle pour nous sauver en cas d'accident; on les fit reposer, on les fit manger, et nous nous remîmes en route. Joseph était un excellent postillon, et nous allions à merveille. Si nous l'eussions eu au commencement du voyage, je crois qu'il ne nous serait rien arrivé de fâcheux, parce que nous n'aurions pas quitté les équipages. Enfin, le destin, qui voulait toujours faire renaître le danger du sein de la sécurité, de même que la sécurité renaîtrait du sein du danger, rendit nul ce renfort.

Nous fûmes toute la journée du lendemain entourés de Cosaques, de sorte que nous ne faisions qu'aller de droite à gauche pour les éviter, et nous n'avancions pas d'un quart de lieue. Le jour était le samedi 14; il était impossible de penser à faire manger nos chevaux; on ne pouvait pas les dételer un instant, et d'ailleurs il n'y avait pas de fourrage. Tout les retards que nous avions éprouvés nous avaient encore rejeté avec l'arrière-garde, et nous étions, comme je l'ai su depuis, dans ce moment, avec la colonne des traîneurs. Elle était si considérable, qu'il était impossible de la détruire; c'étaient des soldats de toutes les nations qui n'appartenaient

à aucun corps, ou qui du moins les avaient
quitté, les uns parce qu'ils étaient presque dé-
truits, les autres parce qu'ils ne voulaient plus
se battre. Ils avaient jeté leurs fusils, et ils mar-
chaient à l'aventure; mais ils étaient tellement
nombreux, qu'ils entravaient toute la marche
dans les endroits étroits ou difficiles; ils étaient
toujours les premiers, parce que, marchant
sans ordre, ils passaient par dessus tout. Ils
étaient bien bourrés par les officiers, mais ils
allaient toujours; c'était eux qui volaient, qui
pillaient, depuis leurs chefs jusqu'à leurs camarades, et qui mettaient le désordre partout. On
a voulu souvent les réunir à des corps, mais on
ne s'est jamais arrêté assez long-temps pour y
parvenir; ils bravaient tous les ordres; c'était
donc en parti avec ces gens là, et en parti avec
l'arrière-garde, que nous marchions; on se bat-
tait à gauche, mais ceux avec lesquels nous
étions cherchaient seulement à se sauver, et
jetaient l'effroi partout. Nous cheminâmes ainsi
jusqu'à minuit; je ne voyais presque plus de
voitures qu'une grande berline qui était devant
moi, et que nous suivions. Mes gens me dirent
qu'elle était au comte de Na***, et qu'il y
avait une dame dedans.

Un colonel, qui venait d'avoir le bras emporté, vint me demander une place dans ma calèche. Mon Dieu, monsieur, lui dis-je, avec bien du plaisir, mais je vais peut-être l'abandonner moi-même; mes chevaux ne peuvent plus aller, et nous sommes cernés; n'importe, montez; mais à peine une demi-heure s'était écoulée, qu'on s'arrêta. Un officier vint parler au colonel, qui descendit de voiture; je descendis moi-même de la mienne, et abordai cette dame. En pareille circonstance on a bientôt fait connaissance; rien ne réunit plus vîte que le malheur. Je pense, lui dis-je, madame, que les Cosaques sont très-près, car un officier est venu parler bas à ce colonel blessé, et après m'avoir balbutié quelques excuses, il est monté sur son cheval, quoiqu'il pût à peine s'y tenir. Au même instant nos gens vinrent nous dire qu'il y avait un ravin qu'il était impossible de passer en voiture, que les Cosaques étaient tout près, ainsi qu'il fallait monter à cheval et se sauver, car autrement ils allaient eux-mêmes s'en aller. Nous cherchâmes à leur inspirer un peu de courage. Mais au moins essayons, leur dis-je, il sera toujours temps, si la voiture se brise, de l'abandonner. Venez voir vous-mêmes, nous dirent-ils, et vous conviendrez que c'est impossible. Nous y fûmes, et en effet, cela ne se pouvait pas; il y avait bien la grande route, mais les boulets la traversaient à chaque instant. Si j'avais su le lendemain que je les verrais d'aussi près, je les aurais bien affrontés alors; mais pour rien au monde nos gens n'y auraient consenti; il fallait donc prendre un parti décisif; je me fiais au postillon plus qu'aux autres. Eh bien! lui dis-je, vingt-cinq louis si nous arrivons cette nuit au quartier-général. J'ignorais alors que je faisais une promesse que deux heures après je ne pourrais plus accomplir. Je perdis, en traversant le ravin, le seul paquet que je possédais. Le domestique voulut emporter quelques effets à son maître; mais autant il était pressé, quelques momens auparavant de fuir les Cosaques, autant il l'était peu dans ce moment. Il se lamentait sur chaque habit qu'il était obligé de laisser, et m'aurait donné envie de rire dans toute autre circonstance. Mais, mon ami, lui disais-je, dépêchons-nous, prenons les choses les plus nécessaires, son porte-feuille, ses cartes de géographie; il s'embarrasse bien de ses habits. Eh bien! ce sera pour moi, disait-il en pleurant. Ah, mon Dieu! mon Dieu! abandonner de si belles choses; je vais encore mettre ça sur margot (c'était son cheval). Mets du linge, mon ami, c'est l'essentiel; il n'a pas besoin de tout cela. Eh bien! ce sera pour moi; attendez, ma petite dame, je vas arranger Fanchon, vous monterez dessus; c'est une bonne bête; pas vrai, Fanchon? Pendant son dialogue, cette dame était partie, et je ne l'ai plus revue qu'à Wilna, dans une circonstance bien triste.

Enfin, nous cheminâmes dans la neige à travers le champ, point de chemins battus, les pauvres chevaux en avaient jusqu'au ventre; ils étaient sans force, n'ayant pas mangé de la journée. Me voilà donc à cheval à minuit, ne possédant plus rien que ce que j'avais sur moi. Ne sachant quel chemin suivre, au moment d'être prise par les Cosaques, n'ayant pas mangé depuis le matin, mourant de froid, nous atteignîmes une colonne qui traînait des pièces de canons.

C'était le samedi 14 que nous nous étions sauvés; il était à peu près deux heures du matin, je demandai à l'officier qui commandait, si nous avions loin pour rejoindre le quartier-général. Ah! vous pouvez être tranquille, me dit-il avec humeur; nous ne les rejoindrons pas, les ennemis sont de tous les côtés; si nous ne sommes pas pris cette nuit, nous le serons demain matin; nous ne pouvons pas l'échapper: c'était consolant. Il fit arrêter, ne sachant plus,

disait-il , par où l'on pourrait passer. Les soldats voulaient allumer du feu pour se chauffer;
voulez-vous, dit-il, montrer à l'ennemi où vous
êtes, afin qu'il tire sur vos feux? On les éteignit;
je descendis de cheval, et fus m'asseoir sur un
monceau de paille , que les gens avaient mis sur
la neige. J'éprouvai là un moment de découra-
ment. Je vais mourir ici, pensai-je, car je sens
que le froid m'engourdit le sang. On dit que
c'est une mort douce, mais on doit souffrir
beaucoup auparavant, car le froid est insupportable; l'estomac vide d'ailleurs le rend encore
plus sensible. J'avais bu une bouteille d'eau
toute entière, lorsque j'avais rencontré cette
dame; elle en avait une dans sa voiture, et je
me mourais de soif , mais cette eau n'avait fait
que me refroidir encore plus. Ne restez pas là,
Madame, me disait-on; cela est très-dange-
reux. Je finis par n'entendre plus ce qu'on me
disait que comme un bourdonnement; je perdis
probablement tout sentiment d'existence, car
lorsque je revins à moi, je me trouvai dans une
calèche sans savoir comment j'y étais venue. Je
sus par la suite que l'aide-de-camp du général
Ch***, m'ayant trouvé dans cet état, m'avait
fait porter dans la calèche du général; qu'on m'a-
vait enveloppée de fourrures pour me donner

de la chaleur, et qu'une tasse de café avait achevé de me rendre l'existence. Je demandai à manger. Malheureusement, me dit ce pauvre monsieur, je ne puis rien vous donner dans ce moment, le domestique est avec le général, il a la clef des caissons ; patientez encore. Je m'endormis, et lorsque je me réveillai, je sentis que la voiture marchait, je mis la tête à la portière. Vous avez bien dormis, me dit ce bon monsieur Dugatz (je n'ai pas oublié son nom); je vais vous donner du biscuit, c'est tout ce que nous avons, et dans un quart d'heure le café sera prêt, car nous allons nous arrêter pour faire manger les chevaux ; une bonne tasse de café vous réchauffera, vous donnera des forces. Je mangeai, ou plutôt je dévorai mon biscuit, et nous causâmes pendant qu'il sortait des effets du fourgou qu'il allait abandonner, parce que les chevaux ne pouvaient plus le traîner; c'est ce que souvent on était obligé de faire. Nous serons peut-être obligés de laisser notre calèche, et de la brûler, ainsi que les équipages; les chevaux ne mangent pas, n'ont point d'abri la nuit, et ne sont point ferrés à glace; comment les faire marcher? Il m'apprit qu'il était de Toulouse ; me parla de sa mère qu'il espérait revoir à la fin de cette campagne, du beau climat de son pays ;

4 *

me dit qu'il se marierait, qu'il ne voulait plus faire la guerre. Hélas ! le pauvre jeune homme ne croyait pas que cette journée, où il faisait de si beaux projets, était la dernière de sa vie. Il fut tué d'un boulet de canon deux heures après.

Je l'ai pleuré comme si nous nous fussions connus depuis long-temps ; ces gens obligeans et bons sont toujours d'anciens amis. Il n'y a que les égoïstes et les méchans qui sont des étrangers, j'en ai bien rencontré de ceux-là aussi. Il me fit prendre une grande tasse de café. Nous allons, dit-il, nous remettre en route dans une demi-heure. Une vivandière, qui suivait les équipages du général, vint près de nous : mais, dites donc, mon officier, ils disent que les Cosaques sont là ; car il y a une chose à remarquer, il semblait que l'armée russe ne fût composée que de Cosaques ; on ne parlait que d'eux, et l'on ne craignait qu'eux. Bon, répondit monsieur Dugatz, voilà comme sont les femmes, il faut toujours qu'elles bavardent. Je vis cependant qu'on se pressait d'atteler les chevaux, et nous partîmes très-précipitamment ; nous rejoignîmes le corps d'armée que j'appris être l'arrière-garde, commandée par le prince Eugène. Ce fut alors que j'entendis siffler les boulets ; ils traversaient la route, deux passèrent par dessus ma calèche ; je les voyais faire le soubresaut sur la neige. Ce fut là que ce pauvre monsieur Dugatz fut tué.

Le dimanche 15, c'était le jour de la fameuse bataille de Krasnoye ; elle a duré au moins trente heures. Pendant que la garde et la gendarmerie se battaient sur la droite et sur la gauche, nous filions au milieu. Il vint un major qui nous parla de la mort de M. Dugatz ; il monta dans sa voiture, et s'empara de sa peau d'ours et de ses bottes fourrées ; il semblait qu'il lui tardait de s'enrichir de ses dépouilles. Je le pleurais ; il avait été si bon pour moi ; je sentais d'ailleurs que sa mort allait me jeter dans un nouvel embarras. Nous marchâmes fort lentement toute la nuit, à la lueur des villages incendiés, et au bruit du canon. Je voyais sortir des rangs de malheureux blessés, d'autres, mourant de faim, nous demandaient à manger, d'autres suppliaient qu'on les prît dans les voitures, et mouraient de froid sur les bords du chemin en implorant des secours qu'on ne leur donnait pas, et qu'on ne pouvait pas même leur donner, étant en si grand nombre. Ceux qui suivaient l'armée vous suppliaient de prendre un enfant qu'ils n'avaient plus la forcé de porter ; on les prenaient, et on les rendaient bientôt après, n'ayant rien à leur donner à manger : c'était une scène de dé- solation ; on souffrait de ses maux et de ceux des autres.

Enfin, nous nous arrêtâmes à la vue de Kras- noye : le major était monté à cheval depuis long-temps ; le cocher vint me dire que les che- vaux ne pouvaient plus aller. Je descendis, es- pérant de trouver le quartier-général dans la ville. Il commençait à faire petit jour, je suivis le chemin que prenaient les soldats ; j'arrivai à une pente extrêmement rapide : c'était comme une montagne de glace ; les soldats glissaient sur leurs genoux jusqu'en bas : je n'avais pas envie d'en faire autant ; je suivis les bords et j'arrivai sans accident ; je demandai à un officier où était le quartier-général. Je le crois encore dans la ville, me dit-il ; mais il n'y sera pas long-temps, car elle commence à brûler. Je vis en effet que le feu gagnait d'autant plus rapidement, que cette petite ville était en bois et les rues extrê- mement étroites : je la traversai en courant ; les poutres embrâsées menaçaient de nous tomber sur la tête ; on se poussait de droite à gauche ; un gendarme eut la complaisance de me soute- nir jusqu'à la sortie de la ville. Mais, mon Dieu !

me disait-il, pourquoi avoir traversé par-là? pour trouver des officiers de la maison de l'Empereur? il y a long-temps qu'il est parti; vous ne pouvez plus les rejoindre. Eh bien! lui dis-je, je n'ai plus qu'à mourir là, car je n'ai pas la force d'aller plus loin; je serais trop heureuse si un boulet pouvait m'emporter comme ce pauvre monsieur Dugatz. Ce sont les boulets qui m'ont le moins effrayée; je les regardais passer avec tout le sang-froid possible. J'étais trop malheureuse pour rien craindre : je m'assis sur le bord du chemin; et malgré tout ce qu'on put me dire, je ne voulus pas me relever; j'étais décidée à mourir là. Tout à coup j'entends crier: Voilà l'empereur! je reprends mes forces, je cours de ce côté : le mouvement que je fis fut si rapide, que je me trouvai presque sous les pieds des chevaux de M. le comte de Na***. «Mon Dieu! madame, me dit-il, dans quel état vous êtes! — Vous le voyez, monsieur, j'ai tout perdu; je n'ai plus ni voiture, ni chevaux, plus rien dans le monde : je n'ai pas mangé depuis deux jours, je n'ai plus de force, je ne sais ce que je vais devenir. » Il me fit placer dans un des traîneaux qui suivaient le quartier-général. J'étais entièrement mouillée par la neige : je ne sais comment je n'eus pas les pieds gelés; car ses petits traîneaux ne servent, en Russie, que pour la promenade, et jamais pour voyager. Enfin, j'étais trop heureuse d'y être pour ce moment; et j'étais sûre au moins de rejoindre ces messieurs le soir. Je les retrouvai, en effet, à la première ville de Pologne.

Ce fut la première aussi que nous vîmes entière, et dans laquelle nous trouvâmes des habitans. C'étaient des juifs, bien sales à la vérité; mais c'étaient au moins des êtres vivans : je les aurais volontiers embrassés. Je me crus sauvée encore une fois en revoyant ces messieurs. « Nous n'avons plus de voiture, ni les uns, ni les autres, me dirent-ils, mais nous tâcherons demain de vous trouver une place : au pis aller, nous aurons un traîneau; de cette manière vous nous suivrez facilement et sans accident jusqu'à Wilna. » Ils me donnèrent à manger, et je m'endormis sur de la paille mieux que je n'ai fait souvent dans un bon lit. Au milieu de la nuit nous sommes réveillés par le cri : Aux armes! Ces messieurs se lèvent en tumulte. Le jeune prince de *** n'a que le temps de me dire : « Sortez de la ville comme vous pourrez, mais ne restez pas dans cette maison; l'ennemi va sans doute y entrer. » Je m'enfuis sans savoir où j'allais. Il faisait une nuit très-obscure. Je me trouvai sur

les marches du château où l'empereur était logé.
Il appartenait à une princesse polonaise, née
Narechekine. J'avais grande envie d'aller la
prier de me recevoir chez elle; et j'aurais bien
fait de suivre cette pensée, car il y serait venu
des officiers russes; je les connaissais presque
tous, ils m'auraient protégée. Monsieur le maréchal.... me recueillit et me fit placer dans sa
voiture. Dès ce moment je fus à l'abri du danger, mais j'eus beaucoup à souffrir, non pas par
lui, dont je n'eus qu'à me louer, mais par ceux
qui l'entouraient. J'avais risqué vingt fois de
perdre la vie, lorsque je voyageais sous la protection des officiers d'ordonnance. Mais ils étaient
tous des jeunes gens bien nés et bien élevés; et
la bonté de leurs procédés, leur humanité (si
je puis me servir de ce terme; il n'était pas dé-
placé dans une pareille circonstance, où chacun
souffrait tellement de ses propres maux, que
c'était beaucoup de prendre en pitié ceux des
autres), me dédommageaient en quelque sorte
des souffrances que j'éprouvais journellement;
lorsque je les retrouvais, je me croyais sauvée;
mais alors je comptais ma vie pour si peu de
chose, que ce n'était pas un grand service à me
rendre que de me la conserver. Il aurait d'ailleurs autant valu m'abandonner sur la route qu'à

Wilna, où j'ai été fort malheureuse (1). Je passai le trop fameux pont de la Bérésina une heure avant le désastre : il fut horrible. Cette petite rivière était tellement encombrée de morts, que l'on avait fini par passer à cheval, et même à pied par-dessus, pour rejoindre l'autre bord. Nous arrivâmes le 9 dans la nuit ; les Français en repartirent le 10 ; et les troupes russes y entrèrent le 11 au matin. J'adressai une supplique à l'empereur Alexandre, pour qu'il me permît de passer la frontière. Si, au lieu d'écrire, j'avais eu assez de courage pour lui parler, comme ont fait beaucoup de mes compagnons d'infortune, il m'aurait, de même qu'à eux, fait donner des secours ; car il a agi en cette circonstance avec la bonté qui lui est particulière, et ne s'est occupé que d'adoucir le sort de tous les infortunés.

Enfin, je n'osai pas lui parler ; mais je dus à M. le maréchal Koutouzoff beaucoup d'adoucissement à ma position : il me fit partir pour Pétersbourg, où sa famille me combla de bonté.

---

(1) Je crois, d'ailleurs, m'être acquittée de ce que je devais à M. le maréchal. Son fils était resté mourant à Wilna ; je lui ai donné les soins d'une mère, et je me flatte qu'ils ont adouci ses derniers momens.

Je dois cette justice aux Russes de dire que leur hospitalité, leurs égards pour le malheur sont poussés au dernier point. Quant à moi personnellement, j'ai eu trop à m'en louer pour ne pas saisir cette occasion pour leur en témoigner ma reconnaissance. Madame la maréchale me fit obtenir un passe-port pour la Suède, où, après avoir couru de nouveaux dangers en traversant les lacs glacés, je suis enfin parvenue à rentrer en France. Il était écrit dans les décrets de la Providence que je ne devais pas perdre la vie, mais je n'ai conservé que cela, et le plaisir d'embrasser ma fille, de revoir ma famille a pu seul me dédommager de tout ce que j'ai souffert pendant le temps que j'étais à Wilna. On m'apporta un petit enfant qui avait été trouvé presque gelé sur le chemin ; je le pris, car il fallait bien soulager plus malheureux que soi. Je crois que tous ses parens ont péris ; cependant si je retourne quelques jours en Russie (comme je l'espère), peut-être retrouverai-je quelques renseignemens sur sa famille ; mais, dans tous les cas, je ne l'abandonnerai jamais : nous avons éprouvé le même sort, il supportera ma bonne ou mauvaise fortune.

FIN.